老年人
防诈骗手册

丁　芳◎编著　聂　辉◎绘

农村读物出版社
中国农业出版社
北京

序

　　近些年，我国老年群体消费能力不断提高，银发经济越来越受人关注。在这样的背景下，一些不法分子盯上了老年人的"钱包"，想出各种各样的诈骗手段，诸如夸大功能、价格虚高的"保健品"，号称"高回报"的理财产品，以及"中奖"骗局等，近年来还不断涌现出利用高科技翻新的诈骗形式，如冒充亲友通过视频借钱的AI换脸骗局、冒充工作人员的盗卡骗局……针对老年人的诈骗套路繁多，层出不穷，严重危害老年人的合法权益，令人防不胜防。

　　作为一名从业多年的律师，我曾承办多起涉及老年人合法权益受侵害的刑事和民事案件，通过从业经验的积累和对近年来公安系统典型反诈案例的整理，编写了这本《老年人防诈骗手册》。手册收集了常见诈骗形式30例，并结合实际案例提供了防诈骗的应对方法。在此也非常感谢编辑老师的策划，让本书以"文字＋漫画"的形式呈现，使其阅读起来更加轻松。希望这本小书能够帮助老年朋友提高防诈骗意识，保护自身合法权益。

丁　芳

2024年2月10日于北京道佑律师事务所

目 录

c o n t e n t s

contents

一

常见诈骗形式 30 例，识破骗子的圈套

01 借用手机送东西
—— 冒充工作人员的盗卡骗局

乐于助人是我们的优良品德，出门在外谁都难免遇到一些困难，当别人说手机没电了要借用一下我们的手机拨打电话时，多数人会同意，何况人家自称中国移动公司工作人员，还送袋洗衣液答谢！

然而，事情真的这么简单吗？如果真的需要拨打电话，请求手机机主帮忙拨打就好了，没必要将手机借过去。所以，当心了！这可能是一种盗卡骗局！

前方高能提醒：对方根本不是移动公司的工作人员，他的真实目的是趁机偷走你的电话卡，然后用来帮助境外诈骗团伙拨打诈骗电话！

真实案例

2023年9月，犯罪嫌疑人宋某等人伪装成中国移动公司安装宽带的工作人员，驾驶车辆到×省内各乡镇骗取老年人的电话卡，用于帮助境外诈骗团伙拨打诈骗电话，并以此牟利。

　　这伙人专门到各乡镇，以手机没电、找不到客户地址为由，借老年人的手机打电话，同时以感谢的名义送出大米或者洗衣液，趁老年人走到车上拿感谢品，偷偷把老年人的电话卡替换为事先准备好的废卡，电话卡骗到手后就立即离开。

据了解，电话卡用于拨打涉诈电话或发送涉诈短信后就会被封停，成为废卡。为获取新的电话卡，犯罪嫌疑人将目标锁定为一些乡镇、农村的老年人，以借用手机打电话并送礼品的招数行骗，导致许多老年人被骗。犯罪嫌疑人骗到电话卡后，就立即通过加密聊天软件联系境外诈骗团伙，再按照约定时间架设简易GOIP（一种虚拟拨号设备，是诈骗分子普遍使用的一种新型诈骗工具）实施诈骗活动。

温馨提醒

为了打击治理电信网络新型违法犯罪，依法清理整治涉诈电话卡、物联网卡以及关联互联网账号的行动，2020年10月10日，国务院召开会议，决定在全国范围内开展"断卡"行动，斩断犯罪分子的信息流和资金流。"断卡"行动开展以来，有力阻断了电信网络诈骗分子获取电话卡和银行卡的渠道。一些不法分子便盯上了儿童及老年人群体，他们打着借手机打电话的幌子，趁机盗取电话卡，此类作案手法隐蔽，让人防不胜防。

因此，广大群众一定要提高警惕，特别是老人以及孩子，不要轻易将手机、电话手表借给陌生人拨打电话，谨防电话卡被"偷梁换柱"。同时，老人和孩子的电话卡应设置PIN码，启用之后，每次开机都要输入4位数的PIN码，如果3次输入错误，手机就会自动锁卡，以此来预防电话卡被不法分子利用。

02 "天上掉馅饼"
——中奖骗局

突如其来的中大奖？真的有"天上掉馅饼"的好事吗？

随着网络时代的发展，一些不法分子研究出了多种多样的网络诈骗方式，他们利用各种网络聊天工具和不法网站，以知名公司的名义发布虚假中奖信息，以高额奖金和笔记本电脑等丰厚的奖品为诱饵，借"税费""公证费""手续费""保险费"等名目向"中奖者"骗取钱财。

前方高能提醒：遇到以中奖为由，用各种借口索要兑奖费用或者要求输入个人重要信息等情况时，一定要提高警惕，牢记天上不会掉"馅饼"，这很可能是诈骗！

真实案例

×市市民张婆婆在浏览微博时看到某"知名珠宝公司"发布了一条点赞抽奖活动信息，奖品非常吸引人，是一只价值2万元的手镯，她想只是点赞而已，就参与了该抽奖活动。没想到随后活动信息发布者联系了张婆婆，告知她非常幸运地获得了抽奖资格，但因参与抽奖的人数太多，要想中奖还得先在其指定网站购买一件价值数百元的产品。经不住丰厚奖品的诱惑，张婆婆按提示下单购买并付款。

张婆婆付款成功后，对方立即发来了抽奖链接，张婆婆急忙点击该链接，果然抽中了一只价值2万元的手镯，兴奋不已的张婆婆赶紧联系对方兑奖，对方称后台

会将奖品快递给中奖者，但这只手镯是张婆婆抽奖偶然所得，按相关规定，张婆婆需要缴纳一笔意外所得税（总价值的20%），才能成功兑奖。被喜悦冲昏头脑的张婆婆毫不犹豫将"税款"转入对方提供的账户。但对方马上又提出，因该手镯是国外品牌，需从国外寄回国内，所以张婆婆还需要缴纳一笔关税，此时张婆婆才意识到自己很可能遇上了诈骗，于是马上报警。

温馨提醒

1.正规机构、正规网站组织抽奖活动不会让中奖者"先交钱、后兑奖"。

2.莫名其妙收到的中奖信息要立即删除，不要在虚假中奖网站上填写任何资料，以免泄露个人信息。

3.切勿轻信"中大奖"等噱头，牢记天上不会掉"馅饼"，保持警惕性，不轻易透露个人身份信息、银行账户及密码等重要信息，与陌生人进行现金交易时务必再三核实。

03 满满的套路
——"黄昏恋"骗局

"最美不过夕阳红。"一句"认识你是最大的幸运"是否让你怦然心动?一句"最近需要资金周转"是否让你倾囊相助?

你是否将全部积蓄投入他/她推荐的项目?小心了!你以为的美好"黄昏恋"可能是诈骗!

前方高能提醒:不要轻易相信网络上的爱情,你以为收获了一段美好的爱情,其实你可能已落入骗子的陷阱!

真实案例

离异多年的赵女士通过交友网站结识了年近60岁的"退伍军人""成功人士"张总,网聊一段时间后两人发展为"网络情侣"。张总向赵女士推荐了某彩票平台,并称该平台负责人余经理是其老战友,能帮他拿到内部消息,投资保证稳赚不赔。赵女士开始并不感兴趣,但经不起张总鼓吹,最终答应让余经理做自己的

"操盘手"。在余经理的远程协助下，赵女士完成了平台的账户注册，安装了所谓的专用客户端。当天，赵女士分次向该平台账户转入共计10万元，没想到第二天即收益1 200元。这让赵女士对余经理深信不疑，又一次性转入20万元，成了该平台的VIP投资客户。然而过了一段时间，赵女士登录平台，却发现30万元投资全部消失，而此时"张总""余经理"也消失了。

温馨提醒

　　每个人都有追求爱情的权利，老年人也不例外，但在追求的过程中要提高防范意识，特别是网络的虚拟世界里充斥着太多的骗局，因此在婚恋交友时一定要注意验证对方身份，涉及钱财时更要保持高度警惕，不要轻易将钱财交给对方，老年朋友遇事要和子女、朋友多沟通、商量。

04 花言巧语
——诈骗电话骗局

接到"警察"的电话说你涉嫌"犯罪"时，你会不会很慌？会不会怀疑他的身份？如果对方要你配合调查你会怎么办？

前方高能提醒：如今，经过警方的大力反诈宣传，大多数人已经有了防诈意识，不会相信自称"警察"的来电。但骗子的手段不断升级，为证实自己"警察身份"的真实性，往往会主动要求添加我们的网络社交账号，并发来用 PS（图像处理软件）合成的"警官证"以及其他虚假资料。

真实案例

某日下午，×村村民李大爷接到一个自称"×市公安局民警"的电话，对方告知其涉嫌"非法开立银行账户，恶意欺诈他人268万元"，要求他立即到"×市公安局"接受调查，如果不能及时赶到，就先添加"民警"微信，在线接受"询问"。

接到电话后，李大爷被吓坏了。看了下时间，发现无法及时赶到公安局接受"调查"了，为了证明自己的清白，他选择添加"民警"微信接受在线"询问"。随后，对方通过微信向他发来了印有其姓名、照片的"警官证"与"刑事逮捕令""冻结管制令"，要求他将银行卡内所有钱款转账到"安全账户"进行资金审查，并且不得告诉任何人。

值得庆幸的是，由于李大爷没有开通手机支付，无法立即将钱款转出，便按对方要求到银行柜台转账。在银行内，李大爷一边接电话一边催促银行的紧张行为，引起了银行工作人员的高度警惕，银行工作人员上前询问其转账缘由，李大爷却显得十分焦躁，始终不肯告知转账缘由。

银行工作人员意识到李大爷可能正在遭遇诈骗，便一边想办法拖住其转账，一边向辖区派出所报警。

民警赶到现场了解情况后，与银行工作人员一起劝导李大爷，他才明白自己上了骗子的当。

 温馨提醒

凡是自称"警察"打来电话，要求电话内容绝对保密，通过网络出示"通缉令""警官证"，通过电话、QQ、微信做笔录，并提到"网上办案""安全账户转账"的，都是诈骗！

05 稳赚不赔
——股市投资骗局

老年人信息接收相对滞后，因而在面对一些新型的诈骗方式时缺少辨别方法和识别能力，再加上不少老年人热衷于理财投资，近年来针对老年人的"稳赚不赔"的投资理财诈骗方式越来越多。

前方高能提醒：诈骗分子往往会将受害人拉入所谓的投资群聊，并组织"托"在群里扮演投资者，晒出大量盈利截图，发布大量金融投资类的新闻、动态信息，轮番宣传高回报投资项目，以此诱导受害人下载虚假股票证券App，并将钱款转入其账户。

真实案例

2021年9月，×市60岁市民陈先生在网上看到股市培训班免费招生的信息，便主动添加了培训"导师"的微信，随后被拉入一个股票交流群。群里除了定时发送一些炒股类课程内容，还不断有人发出在某App上炒股票赚钱的截图。陈先生心动，便下载了该App并注册账户进行所谓的投资，没想到在陆续投资150余万元后就再也登录不上该App，这才发现被骗。

温馨提醒

　　1. 不要被所谓的高回报率诱惑。诈骗分子宣传的投资项目无一例外都是超高年化收益，而且稳赚不赔。任何承诺"内幕消息""高额回报""稳赚不赔"的炒股、炒期货、炒黄金等网络投资理财都是诈骗。

2.谨慎交友，不要盲目加群。不要轻信所谓的"理财专家""资深大师""网红大V""网络大咖"等各种网络"专家"的花言巧语，更不要冲动跟随投资。

3.通过正规渠道投资，不下载来历不明的App。投资理财要认准正规的银行、企业，以及有资质的证券公司等正规平台，切勿安装他人推荐的来历不明的投资App。

06 免费听课拿礼品
——健康讲座骗局

　　如今人们越来越重视身体健康，但仍然有许多老人不愿花钱去正规医院体检，而是相信免费的"网络专家"。这些"专家"经常组织免费的"健康讲座"，不仅让人免费听课还送礼品，导致越来越多老年人陷入"听课免费拿礼品"的健康讲座骗局，而在这样的健康讲座骗局里，往往会出现精心设计的有关高价出售劣质保健品、药品、器械的诈骗套路。

　　前方高能提醒：当下，老年人购买保健品已经成为一种常见现象，但在购买过程中，有不少老人受骗。那些听信虚假宣传购买保健品的老人，轻则损失钱财，重则影响身体健康，甚至危及生命。

真实案例

　　2019年，犯罪嫌疑人张某、罗某某在×市注册成立了××旅行社，后邀请杨某、杨某某二人入职负责具体业务。为获取巨大利益，4人与多家生产食品、保健品的厂家合作，以免费吃住或赠送礼品的名义邀请老年人参加"健康讲座"，而后把厂家派来的销售人员包装为"著名养生专家""科研院所教授"等，向老年人讲解"健康知识"，用各种话术及视听资料将其销售的劣质食品、保健品吹嘘为可治疗、预防"三高"、癌症等慢性病的特效药，再以超数十倍的价格售卖给这些老年人。

温馨提醒

很多"健康讲座"打着免费赠送小礼品的名义吸引和招揽老年人，而擅长"精打细算"过日子的老人们也非常乐意领取免费礼品，于是所谓的"健康讲座"会议室经常出现成群结队来领礼品的老年人。要领礼品就必须先听课，而经过三五天的"听课"，很多老年人会被"洗脑"。看时机成熟后，会议方就会拿出大量产品搞现场销售，这时候，听课的老年人中会有一些"托"站出来抢购，而后许多不明真相的老年人就会上当，跟风购买，最终被骗。

广大老年朋友，如果身体抱恙，要及时到正规的医疗机构接受诊疗。切勿轻信各种网络"专家"推销的产品。

如发现身边有人参加、组织这种"健康讲座"，请立即向公安机关举报。

07 暗藏强制购物
—— 低价旅游骗局

大多数老年人有精打细算过日子的习惯，因此一些旅游团便打着"价格低，景点多"的幌子吸引老年人报团，等老年游客到达景点后，就引导他们购买大量的纪念品、珠宝首饰等，而购买价格往往虚高。算下来，老年人参加"低价旅游"所花的钱，远远超出了旅游本身所需。

前方高能提醒："世上最昂贵的价格就是免费。"骗子往往看准老年人既想出游又想省钱的心理来采取种种手段进行诱骗。再加上骗子能说会道，老年人很容易上当受骗。所以，老年人若计划出游，切记不可贪便宜听信"超低价旅游"，一定要去正规的旅行社报名参团。

真实案例

2020年6月，王某和李某以"低价到×市旅游并赠送礼品"为噱头，组织百余名老年旅游爱好者参加"×市两天一夜旅游"活动，以此来诱骗老年人前往二人合作的旅行社安排的厂家高价购买劣质产品。

随后，旅行社安排老年游客进入当地的乳胶产品店、药店、厨具店、丝绸床上用品店及玉器店等多个购物点，诱导甚至威胁老年游客购物，导致多名老年游客在购物点花高价购买低劣产品。而王某和李某分别从中非法获利万余元。

面对形形色色的骗术，一定要保持清醒的头脑，不贪图小利，不轻信他人。报团旅游一定要到正规的旅行社咨询。

08 小兼职，高回报
—— "打榜引流"骗局

如果有人告诉你只需在网络上为主播"打榜引流"，每月就能有数千元至上万元的收入，你会不会心动？注意了：点赞就能换钱、打榜就能致富这种事，你一旦参与就可能掉入诈骗陷阱！

前方高能提醒：诈骗分子通过广撒网的方式将受害人添加为好友并拉入群，再以"高奖励、高回报、快速到账"的宣传，迅速获取受害人的信任，继而实施进一步的诈骗。

真实案例

王大爷偶然收到一条微信好友申请，没多想就添加对方为好友，而后对方将他拉入一个兼职群中。

入群后，群管理员告知：该兼职群主要是帮助网红主播引流，参与者只要在群管理员指定的网红主播的直播间点赞并发表评论，再截图反馈给群助理，就能获得现金奖励。

　　看直播还能赚钱？这轻松的小兼职可让王大爷心动不已。抱着试试的心态，王大爷根据群管理员的提示，在网红主播的直播间点赞并发表评论，然后将评论截图发送给群助理，没想到真得了24.40元的奖励红包。

　　随后，王大爷继续接受群管理员发布的"直播间打榜"任务，顺利完成任务后获得了25.80元奖励。两次

成功领取奖励后，王大爷对这份兼职不再怀疑。此时，群管理员要求王大爷在群内发布自己的评论截图和奖励到账截图，以向其他群友证实活动真实性，并告知其如果想获得更多奖励，需下载指定的打榜App。

王大爷点击了对方发来的链接，下载了所谓的打榜App，并注册了账号。在该App中，有发布任务的任务群，有收取截图及发放奖励的"助理"，还有反馈任务的参与者交流群，这就形成了"发任务—接任务—反馈任务"的闭环。

在该App中，任务也从开始的"点赞、评论＋截图"变成了"签到"领工资。就这样，王大爷每天按要求在任务群领取"签到"任务，完成任务后从"助理"处获取签到"工资"，再到交流群"打卡"晒收益。数天后，直播平台推出了名为"直播宠粉日"的新活动。

"直播宠粉日"开始后，任务群发布了一个新任务：点击指定链接并下载、安装指定的App进行充值，为指定的"直播间"打榜引流增加人气，即可获得本金20%～30%的返利。

新任务发出没一会儿，群内便开始有人发出充值和获得返利的截图，称自己完成任务赚了大钱。正在"观望"的王大爷也在这个时候收到"助理"发来的任务介绍：充值98元获得126元，充值518元获得650元，以此类推，充值金额越高，获得的返利就越高。

王大爷越来越心动，"助理"继续游说，称公司的活动真实有效，而且公司正与"国家反诈中心"App联合开展反诈宣传，参与者在转账、充值的过程中可能会接到警方的"来电提示"。

王大爷心想，这兼职不仅轻松还能赚到快钱，而且还有"国家反诈中心"保驾护航，真是件大好事！于是立即点击对方发来的链接，下载并安装了指定的App，向指定平台账户充值了5 000元。

值得一提的是，王大爷充值时，"国家反诈中心"打来了电话，告知他正在遭遇网络诈骗，提醒他不要向陌生人转账。但王大爷以为这是"国家反诈中心"与平台联合宣传反诈的内容之一，根本不予理会，坚持充值并坐等高额返利。

尽管民警苦口婆心地劝说，王大爷依旧不相信自己被骗。直到后来民警让他尝试将返利提现，他怎么也提现不成功，才意识到自己被骗……

此类"打榜引流"的骗局，实际上是变相的刷单返利诈骗。近年来，在公安机关不懈的努力宣传下，广大群众几乎都知道"刷单就是诈骗"。因此，诈骗分子将行骗手法改头换面，不再加上"刷单"字眼，而是用"打榜引流""招聘点赞员、网络兼职"等加以伪装，诱导广大群众特别是老年群体上当受骗。

无论是"打榜引流"，还是"刷单返利"，虽然诈骗形式多样，手段层出不穷，但"换汤不换药"，其要求垫付资金做任务的本质不变。大家记住，无论对方说得如何天花乱坠，只要涉及垫资做任务的，就都是诈骗！

09 犯罪分子的"工具人"
——互联网账户骗局

随着公安机关深入开展反诈宣传，广大群众几乎都知道了出租、出借、买卖"两卡"的行为属于违法犯罪活动，犯罪分子很难再购买到银行卡来转移非法资金，于是他们"另辟蹊径"，打起了个人互联网账号的主意……

前方高能提醒：你以为只是把账号借给好友用用，实则被犯罪分子利用成"工具人"进行诈骗！

真实案例

×市公安局破获了一起新型的电信网络诈骗案。与以往通过租借、购买他人的银行卡进行洗钱的方式不同，这起电诈案的犯罪嫌疑人是利用买来的淘宝账号和支付宝账号进行"代付洗钱"操作，从而转移非法资金。

犯罪嫌疑人李某先是分别购买了王某的淘宝账号和张某的支付宝账号，然后在聊天软件上想方设法获取受害人崔女士的信任，并诱导其进行所谓的投资理财。

　　崔女士"上钩"后，李某便使用买来的王某的淘宝账号购买大量"钻石"充值的商品，将付款方式选择为"找朋友帮忙付"，随后将付款二维码发送给崔女士，并谎称该二维码是投资理财的专用二维码，扫码付款后就完成了这笔"投资"。

　　实际上，崔女士扫码付款后，王某的淘宝账号就成功购买了大量的"钻石"充值商品。

接着，李某又在网上发布优惠充值"钻石"的广告信息，诱导新的受害者上钩。

正欲充值"钻石"的陈先生看到广告后，联系李某购买，李某则要求其将资金转给他提前买好的张某的支付宝账号，待陈先生转账成功，李某又将"钻石"充值到陈先生的抖音账户上，完成交易后，李某成功将诈骗资金"洗白"。

温馨提醒

请妥善保管好自己的身份证、银行卡、手机卡、微信账号、支付宝账号、淘宝账号、抖音账号等，重视个人的信息安全，不轻信他人、不贪图小利，拒绝以任何理由、任何形式出租、出借、出售个人银行账户、互联网账号，切勿成为犯罪分子的"工具人"。

10 "扫一扫"得小礼品
——扫码骗局

近年来，越来越多的老年人用上了智能手机，但仍有一些老年人在使用老年机，因此不知如何使用微信扫码功能。很多不法分子便钻了这个空子，以领取洗衣液、纸巾等小礼品为诱饵，打着替老年人注册微信账号的名义，诱导老年人将自己的手机交由其操作，从而使用老年人实名认证注册的微信账号来实施电信网络诈骗。这其实和"借用手机打电话"的盗卡骗局属于同一个套路。

前方高能提醒：扫码免费领礼物，你以为是你占了便宜，其实在你将手机交给别人的那一刻，就已经被骗！

真实案例

2023年3月，80岁的苏婆婆在赶集时遇到两名正在摆摊的外地年轻人，这两名年轻人声称微信"扫一扫"就能免费领取洗衣液或洗衣粉。苏婆婆认为这就是捡便宜的好事，便想试试，但她没有微信账号，自己也不会申请，就听信这两个年轻人的话，将手机交予他们帮忙操作。

同年4月，×市公安局反诈中心接到公安部下发的涉诈线索，该线索显示苏婆婆的手机号涉嫌一起外地电信网络诈骗案，而犯罪嫌疑人作案使用的微信账号，正是之前苏婆婆为领取洗衣液，让两个年轻人用其手机号码注册的那个账号。

温馨提醒

广大老年人切勿贪图小便宜，轻易将自己的手机交给陌生人操作或泄露自己的身份信息，一旦自己实名办理的电话卡或银行卡成为他人实施电信网络诈骗的工具，自己将面临金融和通讯惩戒，名下的手机卡、银行卡都将无法正常使用！

11 高价回收
——文玩收藏骗局

你一定听说过高价回收文玩收藏吧？那你有没有听说过，买家需要看文玩收藏的VR立体图呢？要是你没有VR立体图，还会有专门的古董买卖中介为你推荐制作VR立体图的商家。

前方高能提醒： 骗子通过网络搜寻古玩爱好者发布的信息，从中挑选老年人实施诈骗。他们冒充古董买卖中介，通过主动添加微信联系老年卖家，假称有古董买家想要购买古董，并以买家要求观看详细的藏品VR立体图为由，诓骗老年卖家联系所谓的"商家"，从而合谋骗取老年卖家高额的VR立体图制作费用。

真实案例

60多岁的吴先生是一名古玩爱好者，收藏了不少"宝贝"。一天，一名自称在某古董销售机构工作的"孙经理"突然添加他为微信好友，称自己是古玩中介，询问其是否有古董需要出售，并表示自己可以帮忙联系买家。吴先生正有出售部分藏品的想法，于是和这位"孙经理"聊了起来。

没多久，"孙经理"表示已经找到买家，而且买家开出的价格还不错，不过买家需要看一下藏品的高清VR立体图才能确定是否购买。"孙经理"还将专门制作

VR立体图的"商家"推荐给了吴先生，称之前不少卖家的VR立体图都是找他做的。

吴先生想，如今网络发达，VR立体图能更直观、清晰地向买家展示自己的藏品，有助于达成交易，便添加了该"商家"的微信，请他制作VR立体图。

然而，令吴先生没想到的是，"孙经理"多次以图片不符合买家要求为借口，让吴先生请"商家"重新制图。就这样，吴先生反复与"商家"联系，多次支付高额制作费，但制作出的VR立体图始终无法达到"孙经理"的要求。当吴先生产生怀疑时，却发现自己被"孙经理"和"商家"拉黑了。

温馨提醒

信息渠道的单一使老年人对新事物的理解不够全面，在面对各类新式骗局时更容易落入骗子的圈套。因此，老年朋友一定不要轻信所谓的网络"好友"。

12 "一针解千愁"
—— "防癌针"骗局

打一针就不会得癌症，这种事你信吗？

虽然现代医学技术在癌症治疗方面取得了巨大的进展，不断有新的治疗方法和技术被研发和应用，但癌症的发病率和死亡率仍呈现上升趋势，老百姓对癌症的恐惧有增无减。近年来，老百姓惧怕癌症的心理不断被一些机构或个人利用，类似"防癌针"这样的骗术层出不穷。

前方高能提醒：目前还没有一针预防癌症的神药，也没有一针根治癌症的神药，所谓的"防癌针"是一个骗局！

真实案例

李大妈路过一家新开张的健康管理中心门店时，禁不住门口员工的热情招呼，进店体验了足浴、按摩等服务。由于该店员工非常热情周到，渐渐地，李大妈成为该店常客，陆续充值了10余万元，其间，店内一董姓女员工对李大妈十分体贴，把她当"亲人"一般，平时嘘寒问暖不说，甚至直接称呼她为"妈妈"。

　　某天，董某称公司成功研制出一款"防癌针"，打了就能有效预防癌症，对外零售价120万元一针，而她能帮助李大妈拿到内部价，38万元一针。李大妈称一时拿不出这么多钱，董某便软磨硬泡，称可以帮忙用李大妈先前充值的会员费抵扣部分费用，并说自己会陪李大妈一起去打针。李大妈听后便心动了，随后跟随董某去了一家酒店打针。

就这样，李大妈在董某的安排下，喝了所谓的"酵素排毒水"，并和董某一起打了所谓的"防癌针"。打完针后，李大妈陆续向董某支付21万元。

不久，李大妈向家人说了这件事，家人才知李大妈上当受骗，带着她向警方报案。

温馨提醒

1. 警惕各种保健品推销活动，养成正确的就医看病习惯。

2. 不要相信"专家"的夸张宣传和所谓的神奇疗效，更不要相信有"包治百病"的灵丹妙药。

3. 一旦发现被骗，及时报警。

13 高额利息不可信
——"以房养老"骗局

"以房养老"作为缓解社会及家庭养老压力的可行方式，曾引起社会的广泛关注，这一"热点"也很快被不法分子利用。很多不法分子打着"国家政策"的旗号，制造"养老恐慌"，利用老年人金融防范意识较差的特点恶意设套，借"以房养老"实施非法集资。

前方高能提醒：如发现犯罪分子进行养老诈骗，要不听、不信、不参与，并及时向有关部门提供线索。

真实案例

2015年，李某经熟人介绍认识了36岁的广某。广某向其推荐了一个"高回报"的投资项目——"以房养老"，称李某既不需动用存款，也不用偿还贷款和利息，只需要办理3个月的房产抵押就可以获得一笔高额本金和高额利息，并口头承诺借款到期后可取回房产证，广某还称这一投资完全没风险，"做的人都挣到钱了"。

李某听后动了心，随后在广某的安排下，将房产以230万元的价格抵押给了龙某，并到公证处公证。在龙某指示下，李某在10多分钟内就签了多份文书，随后将借到的230万元都打到广某的名下，用于所谓的"投资"。

然而，3个月到期后，广某却称投资项目没有赚钱，无法归还李某本金。与此同时，龙某不断催债，威胁将卖掉李某的房子。2016年10月，李某的房子被清空……

温馨提醒

　　投资理财时不要盲目被高收益诱惑，要谨慎进入新型的金融市场、投资市场，涉及重大财产时，不要轻易相信别人，不要有"天上掉馅饼"的想法，同时对熟人的介绍要抱有警惕心。

14 资金转移
——手机欠费骗局

当前电信诈骗多发，虽然警方一直在不遗余力地进行反诈宣传，但仍有部分受害者一不小心就落入诈骗分子的陷阱，比如落入手机欠费骗局的受害者就不在少数。众多被骗的真实案件警示我们，提高防范意识刻不容缓！

前方高能提醒：正常的手机欠费，电信公司会向您发送欠费提示短信，但不会直接打电话催款。

真实案例

×市，70岁的王阿姨在家中接到一个电话："×市电信通知您，您的手机已欠费，如不及时缴费将停机，如有疑问请按9。"王阿姨按"9"，随即出现自称电信工作人员的人接听电话，称王阿姨于10月7日在×市安装了号码为××××的电话卡。王阿姨否认自己装了该电话卡，"电信工作人员"便将电话转给"×市公安局郭队长"。所谓的"×市公安局郭队长"以王阿姨身份信息泄露涉及资金安全为名，诱骗其将银行账户上的 300 万元划转到两个"安全账户"中。

当天下午，王阿姨越想越不对劲，于是向警方报案。接到报案后，专案组飞赴×市开展工作，经过多方、多地调查，专案组获悉，存入其中一个"安全账号"的 150 万元已被转入其他 6 个省份的多个账户，难以追回。经专案组多方努力，另外的 150 万元得以追回。

最终，专案组在某宾馆内抓获彭某、王某、曹某、李某4名犯罪嫌疑人，并当场查获作案用的银行卡103张、人民币3万余元及作案手机近10部。

 温馨提醒

　　老年朋友不要轻易尝试使用自己不熟悉的银行业务，如ATM机转账或网上银行功能，如确有需要，可咨询银行网点工作人员。另外，警惕00019或00088开头的语音电话，这类来电号码均为境外电话或者网络电话。

15 巨大陷阱
——养老保险骗局

在快节奏、信息化的现代社会，诈骗手段层出不穷，老年人由于信息获取渠道有限，往往成为诈骗分子的主要目标。在各类针对老年人的骗局中，养老保险骗局尤为猖獗，给许多老年人特别是农村老年人的晚年生活造成巨大的经济损失和精神压力。

前方高能提醒：以"养老保险"进行概念炒作、虚假宣传、设置陷阱是针对老年人的最常见、最突出的犯罪手段之一。我们要警惕各种"养老保险"陷阱，如需办理养老保险，要通过正规机构办理。

真实案例

经朋友介绍，李某结识了农村出身的王某，得知王某在打听办理养老保险的事后，李某动起了诈骗的心思。

李某声称曾在社保部门工作，可以帮人办理职工养老保险。待王某说明情况后，李某称自己可以帮他通过挂靠企业的方式办理职工养老保险。随后，王某陆续委托李某帮4人办理职工社保，并将需要补缴的社保金转给了李某。

实际上，王某向李某介绍的这些人都是50岁以上的农村居民，根据政策规定，他们没有工作单位，不符合办理职工养老保险的条件。所以王某转给李某的"社保金"绝大多数进了李某的私人腰包，仅有极少数用于缴纳短期的灵活就业保险。此后，李某继续通过王某行骗，不仅继续骗取补缴的社保金，还根据不同情况索要8 000 ～ 10 000元的好处费。为了让骗局看起来更"真实"，李某参照网上公告的信息让受害者提供各种资料，并精确计算出受害者需要补缴的金额。看着精确到几角几分的补缴金额，受害者对李某深信不疑。

温馨提醒

如果收到关于养老保险的短信、电话、邮件等，不要轻易相信，要通过正规渠道核实信息的真实性。可以拨打人力资源和社会保障部门的服务电话12333进行咨询。

不要随意泄露个人信息，包括身份证号码、手机号码、家庭住址、户口信息等。如果收到要求提供个人信息的邮件或电话，要仔细甄别，确认是否为真实可信的信息来源。

此外，要了解养老保险的相关政策和规定，不要轻信给点"好处费"就可帮忙购买职工养老保险和医疗保险的谎言。

16 冒充亲友借钱
——AI换脸骗局

如果有朋友通过微信找你借钱，在视频中出现人脸和声音后，你会不会转账？

在人工智能时代，AI技术的迅猛发展给我们的日常生活带来了无限可能，同时也给诈骗分子提供了诈骗的可乘之机，比如用一键换脸、声音合成技术制作的视频，让人一时间难以鉴别真伪。

前方高能提醒：不法分子利用AI技术，根据搜集来的照片和视频生成与目标对象相似的面容，然后向受害人拨打视频电话借钱，以此进行诈骗。

真实案例

不久前，×科技公司法人代表郭先生遭遇了AI换脸诈骗。

事情是这样的，郭先生突然接到好友的微信视频通话，好友声称自己在外地竞标，需要430万元保证金，且需要对公账户过账，想要借郭先生公司的账户走账。

因为打了视频电话，郭先生毫不怀疑"好友"的身份，于是把430万元分两笔转到"好友"指定的账户中。

事后，郭先生拨打了"好友"电话，才发现被骗，原来诈骗分子利用AI换脸和拟声技术佯装好友对他实施了诈骗。

　　如果有人自称"熟人""领导""客服"等，通过社交软件、短信以各种理由诱导你汇款，务必通过电话、见面等途径核实确认，不要未经核实就随意转账汇款，不要轻易透露自己的身份证号、银行卡号、验证码等敏感信息。网络转账前要通过电话、见面等多种沟通方式核验对方身份，一旦发现风险，及时报警求助。

17 先缴费，后体验

——预付费骗局

近年来，越来越多的行业和领域推出了预付费活动，各类会员卡进入我们生活的方方面面，但你知道吗？会员卡在带来优惠的同时，也带来一定的风险。教培机构卷款跑路的例子相信你一定听说过。

前方高能提醒：如今商业促销活动繁多，推销办卡的人也多了起来。为此，不得不提醒大家，要当心陷入预付费陷阱。

真实案例

李女士在某商场闲逛时，发现一家新开的美容院正在开展促销活动，美容院工作人员宣称，顾客只要预存一定金额，就可以享受免费的美容服务。李女士觉得这个活动很划算，便办理了一张价值500元的充值卡。

然而，当李女士再去美容院时，却发现店铺已经关门了。李女士赶紧联系其他消费者，发现大家都遇到同样的情况，这才意识到自己被骗了，于是立即报警并向相关部门举报。

经过调查，警方发现这是一起有预谋的骗局。不法分子以圈钱为目的，利诱消费者办理会员卡、预付费卡，得手后便将店铺关门卷款而逃。不法分子利用虚假宣传和欺诈手段，在短时间内骗取大量钱财，而受害者往往难以追回自己的损失。

消费者在办理会员卡或者预付费卡时，要仔细考察经营者的经营状况和市场信誉，查看营业执照等手续是否齐全，确保其有正规的经营资格。尽量选择规模大、信誉好、连锁经营的商家，不要轻信商家的口头承诺，不受促销的诱惑。

18 贪小便宜，吃大亏
——捡钱、捡首饰平分骗局

路人捡到金项链竟主动提出和你"平分"？真的有这么好的事？小心贪小便宜，吃大亏！

前方高能提醒：捡钱、捡首饰平分，不过是骗子设的一个局，利用假项链，实施真诈骗！

真实案例

一天早上，赵阿姨买完菜后，在回家途中一僻静处看见一女子捡到一个小包。女子捡起包后发现了赵阿姨，便主动和赵阿姨搭讪，让其帮忙一起寻找失主。女子将小包打开，发现里面是一张纸条和一条金项链。纸条上写着："张经理您好，感谢您为我儿子安排工作，为了表示感谢，给您买了金项链一条，请您一定收下。"

包里还有一张购物小票，显示项链售价2.8万元。见此，女子悄声说："阿姨，这条项链来路不明，你我都看见了这条金项链，见者有份，咱俩分了吧！就不找失主了。"女子又看了看周围，确定没人便接着和赵阿姨商量："这条项链我喜欢，我可以给你1万元，项链归我，但是我身上没有现金，你在这里等着，我回家拿现金来，怎么样？"

赵阿姨一想，这不等于白捡1万元吗？不要白不要，就同意了女子的提议。

女子又说："万一你拿着金项链跑了，我不就亏了？要不你把你的耳环抵押给我吧！"

赵阿姨觉得女子的提议也有道理，就把价值3 000元的金耳环摘下来给了她。可是赵阿姨在原地等了很久，也不见女子回来，只好拿着项链回家。回到家后，赵阿姨的家人意识到她可能被骗了，于是拿出吸铁石验证，发现这条金项链果然是假货。

温馨提醒

相对于电信诈骗，"拾物平分"是一种老旧的诈骗手段，近年来已不多见，但在某些地方仍会出现。"拾物平分"诈骗案件重现，原因在于犯罪分子抓住了老年人防范意识差、贪图小利的心理特性，通过步步设局，最终将其引入设计好的圈套。广大群众尤其是老年人一定要提高防范意识，切不可相信"天上掉馅饼"，以免遭受不必要的财产损失！

19 舍财免灾
——"迷信消灾"骗局

算八字、摸骨、量指……为了能够骗到更多钱，骗子们无所不用其极。他们伪装成"风水大师"或者"算命先生"，以"舍财免灾"为幌子，骗取受害人的钱财。

前方高能提醒：封建迷信不可信，破财消灾是骗局，一不小心成猎物，钱被骗走干着急！

真实案例

张阿姨因查出疾病，特地到某医院看病求医。

某日，张阿姨从医院出来，看到路边有一名算命先生正在摆摊。算命先生说："这位大姐，我们比较有眼缘，我给你算一卦吧。"张阿姨没理会，继续往前走，哪知算命先生又说："我给你算命又不要钱，只是想帮你，别走嘛，你最近会遇到麻烦哦。"张阿姨听到这话，不由得停住了脚步。她虽然不相信鬼神，但被这话吓着了，心想宁可信其有，不可信其无，既然算命是免费的，那不妨试一试。于是，张阿姨朝算命先生走去。

见张阿姨走过来，算命先生缓缓点了点头，示意她坐下，接着让张阿姨伸出手，用软尺量了量她的手指和手掌的长度，然后眉头一紧，若有所思地闭上了眼睛。过了一会儿，缓缓说："大姐，你的命本来很好，但因为命中有个劫未解，所以最近一直不顺。"

张阿姨一听，急忙问应该怎么化解。算命先生故作思考，又翻出一本旧旧的书看了看，然后用手指在空中比画了一番，说："需要请菩萨化解，但是需要900元请神费。"

"我没有这么多钱，身上只有500元看病钱。"张阿姨窘迫地说。这时，算命先生沉吟片刻，慢悠悠地说："跟你有缘，那就给500吧。"随后，张阿姨感激地将钱给了算命先生。

收到钱后，算命先生又点了点头，然后手舞足蹈地做了一番法，说："好了，已经做完法事，把菩萨请过来了。现在你往前走100步，不要回头，切记不要回头，不然法力就没有了，然后你就可以回家了。"

张阿姨严格按照算命先生的嘱咐，一步一步地向前走，不敢回头看。走了100步后，张阿姨再往算命先生的方向看去，发现那里已经空无一人。

仔细回想发生的一切，张阿姨才意识到被骗了。

　　广大老年人应当时刻保持头脑清醒，自觉抵制和摆脱愚昧落后的观念，树立科学的人生观，生病就去正规医疗机构治疗，不要迷信，也不要轻信他人的空头许诺，更不要轻易将现金交付陌生人，谨防受骗。

20 "温情"攻势
——亲情骗局

近年来，陆续出现一些针对老年人的情感诈骗。骗子们打着温情牌，精心设计出亲情骗局。为此，老年朋友要树立防范意识，遇事多找子女和朋友商量，不要轻信别人的话。

前方高能提醒：诈骗分子以空巢老人为目标，在老年人面前装儿子、装女儿，"关心""照顾"老年人，通过"陪伴"赢取信任，实施犯罪行为，诈骗财物。

真实案例

徐大爷已年过七旬，自从老伴儿去世后，他就成了独居老人。子女们忙于工作，无法长时间陪伴，徐大爷常常感到孤独。

一天早上，徐大爷像往常一样独自去菜市场买菜，迎面遇上一名向他打听租房信息的妇女。这名妇女一副老实巴交的样子，用一口本地方言与徐大爷交谈。一向热心的徐大爷顿时放下了戒心，热情地与她聊了起来。通过聊天得知这名妇女姓李，56岁，本地人。

后来两人越聊越投缘，徐大爷甚至以为自己撞上了"桃花运"。李某便趁机自荐，说自己做过保姆，照顾老年人的经验十分丰富，如果徐大爷不介意，自己可以来照顾他，当他的老伴儿。徐大爷听后欣然同意，就带着李某回了家。到徐大爷家后，李某表现得非常勤快，徐大爷十分满意。

两人熟悉后，李某向徐大爷"敞开心扉"，称自己非常想搬过来与徐大爷一起住，但目前自己遇到难处，手头还差 5 万元，需要把钱凑齐了才能搬过来一起住。

徐大爷信以为真，便主动借给李某 5 万元。拿到钱后李某没有着急走，而是陪徐大爷去附近的卫生院配了药，然后帮徐大爷做了热乎的午饭。这让徐大爷对她深信不疑。吃完午饭后，李某让徐大爷在家好好休息，自己出去买点东西，晚上回来做晚饭。徐大爷没有怀疑。结果到了晚上，也没等来李某的身影，徐大爷这才意识到自己被骗了，随后在子女的陪同下报了警。

温馨提醒

近年来，情感骗局花样百出，广大群众特别是老年人，一定要学习防诈骗知识与技巧，提高自我防范意识与能力。如遇有人借钱，一定要保留借据、转账记录等相关凭证和信息，一旦遭遇诈骗，要迅速通过法律途径维护自己的合法权益。

21 人在家中把钱赚
——高薪骗局

从天而降的高薪工作，很可能是骗局。在现实生活中，如果遇到类似的情况，需要保持警惕，不要轻易相信陌生人的话，面对涉及金钱的问题更要慎重。要认真核实相关情况，避免上当受骗。

前方高能提醒：遇上让你先缴费的情况，一定要谨慎行事，许多诈骗集团抓住老年人不服老、期盼老有所为的心理，专门设计了各种套路进行诈骗。

真实案例

家住×市的张大爷得到一个大好消息，他接到一通自称是中国中老年协会驻当地办事处负责人打来的电话，该负责人在电话里说："恭喜你被选为×市老年协会'形象大使'！月薪6 000元。"张大爷起初不信，但经不住该"负责人"的夸赞游说，还是相信了。为了获得"形象大使"的荣誉和酬劳，张大爷陆续交了数十万元"手续费""保险费"等费用，结果竹篮打水一场空，张大爷把钱包掏空后，"协会"的"负责人"就再也联系不上了。

 温馨提醒

1.提高警惕，不要轻易相信陌生人的承诺，特别是涉及大额费用和权益的问题。

2.在进行任何交易之前，都要对相关机构或个人的身份和授权进行核实，确保其合法性和真实性。

3.要求对方提供相应的收据或证明，以便在出现问题时能够有证据支持。

4.及时报警或采取其他措施进行调查和核实，以便及时挽回损失。

22 名誉头衔诱惑
——发表作品骗局

荣誉和认可对每个人来说都是一种重要的心理需求，对老年人来说尤甚。因此，有不法分子打起了以名誉和头衔为诱饵进行诈骗的主意。在面对类似的骗局时，老年人应该保持清醒的头脑，不要被一时的荣誉和利益诱惑，要理性地分析和判断对方的真实意图。

前方高能提醒：有不法分子抓住老年人好读书看报的心理，以各种名誉头衔或是获奖证书诱惑他们掏钱。

真实案例

刘大爷退休后爱好写字、绘画。一次偶然的机会，刘大爷在网络上认识了一名好友，一番畅聊后，这位网络好友提出要帮刘大爷发表字画作品，不过刘大爷需要缴纳6 000元版面费。刘大爷一听，立即转账6 000元给对方。之后，刘大爷果然收到了一份"报纸"，上面刊登了他的书法作品。此后，刘大爷一发不可收，不停地在一份所谓的"书法报"上发表作品，为此支付了数万元的版面费。

 温馨提醒

　　这类骗局的危害性非常大，不仅会让老年人遭受经济损失，还会对他们的身心健康造成伤害。我们应该提高警惕，不要轻易相信陌生人的承诺，特别是涉及金钱交易的时候一定要慎重。同时，我们应该了解类似的骗局案例和行骗手法，提高自己的识别能力，保护自己的合法权益。另外，发表作品要向正规的报社、杂志社、出版社投稿，如被选登发表，还会收到相应的稿费，切记不要听信任何人给钱就刊登作品的说法。

23 利滚利，不可信
——投资理财骗局

我国老年人多有勤俭节约的习惯，劳碌半生，或多或少有一定的积蓄。有的老年人手里有了一些闲散资金后便想投资，但因缺乏理财知识和投资渠道而被不法分子盯上。一些不法分子用发放小礼品等惯用伎俩骗取老年人的信任，进而设计高额回报的投资理财骗局，从老年人手中骗取大量钱财。

前方高能提醒：老年朋友要警惕投资理财骗局，利滚利的高额回报，不过是骗子的虚假宣传！

真实案例

2013—2016年，无正当职业、无持续性经济来源的张某，谎称自己是银行工作人员，编造种种理由接近老年人，并用发放锅具、化妆品等廉价小礼品的方式骗取了部分老年人的信任，又利用老年人对信息网络和金融理财知识缺乏了解的弱点，通过所谓的"投资理财知识"讲解，用高额利息作诱饵，诱导这些老年人将闲置资金用于他推荐的所谓的"投资理财项目"，再以伪造的虚假银行理财产品对被害人群体实施诈骗活动。经查，李某先后骗取16名被害人共计890万余元。

 温馨提醒

我们应该保持警觉，对任何不熟悉的人或公司推荐的投资项目持谨慎态度，特别是对那些主动向你推销高回报投资项目或"特殊机会"的人，要擦亮眼睛。

投资理财是有风险的，我们应该清楚地了解这些风险，并谨慎作出决策，不要相信那些保证高回报或"无风险"的投资机会。

24 "零元购"
—— "购物全返"骗局

"购物全返"，等于"零元购"？有这等好事？注意了，犯罪分子宣称的免费使用、分期返还，实际上是一种用时间换空间的消费骗局。

前方高能提醒："购物全返"骗局来了！预交现金后可免费使用产品，后期还会分期返还预交款！这种骗术是不是似曾相识？

真实案例

2015—2017年，王某注册登记了一家保健品店，发放宣传单诱骗老年人到店购买保健用品，并签订答谢协议书，承诺老年人预交现金后可以免费使用相应的保健品，后期还会分期返还这笔预交款，相当于"购物全返""零元购"。受骗老人周某等人信以为真，预交了8万余元，而王某在返还部分现金后将门店关闭，隐匿行踪。

温馨提醒

　　谁愿意做赔本的买卖？"零元购"本身就不切实际。老年朋友要时刻保持警惕，不要轻易相信所谓的"购物全返"的承诺，要通过正规渠道购买保健品，并了解相关的知识和信息，避免上当受骗。

送"礼"上门

——公益捐款返利骗局

来历不明的快递，你收还是不收？有人告诉你参与公益捐款会收到返利，你信还是不信？

前方高能提醒：公益捐款会返利？你以为是天降大礼，实则你已被骗子选中。

真实案例

×市市民李大妈收到一个陌生快递，快递盒里装有一个保温杯和一张扫码领现金红包的二维码卡片。李大妈起初以为自己拿错了快递，但确认收件人姓名和地址无误后，也就没多想。

抱着试试看的心理，李大妈扫描了卡片上的二维码，添加了一个昵称为"小×"的微信好友。没想到，得到了一个好消息。

"小×"自称是某公益商家客服，向李大妈介绍了一个"公益捐款返利"活动，称参与该活动，公益商家不仅会报销本金，还会为参与活动的客户发放红包奖励，而且公益捐款的金额越大，奖励就越高！"小×"保证该活动真实有效，并向李大妈发送了一个下载App的链接。

李大妈在"小×"的指引下安装了一个App，并在该App里完成了几个小金额的公益捐款任务，果然如"小×"所说，每完成一个任务，李大妈的微信就会收到一个红包奖励，不一会儿，李大妈就收到了100多元。

尝到"甜头"的李大妈渐渐沉浸在赚钱的喜悦里，为了赚更多的钱，在"小×"的诱导下，一次性捐款1万元！不过转完账后，李大妈却被告知需要连续完成3个任务才能领取本金和奖励。

领钱心切的李大妈只得按照对方的要求，又分别完成了一个3万元和一个8万元的任务，哪知3个任务完成后，对方又以她操作失误为由，拒绝发放本金和奖励，并让她继续转账。冷静下来的李大妈终于醒悟，这是一场骗局！

温馨提醒

不要签收来路不明的快递，不要随意扫描陌生二维码，不要点击陌生人发来的链接，不要下载来历不明的App，不要轻信"免费领取"的噱头，凡是要求垫付资金的，都是诈骗！

26 喜欢可以，别"刷钱"
——网络直播"打赏"骗局

网络直播兴起后，出现了许多优秀的主播，他们以出众的能力和独特的魅力吸引了大量的"粉丝"。与此同时，网络直播的出现也催生了一些不良的现象，比如一些所谓的主播营造人设吸引"粉丝"，以虚拟男女朋友的名义诱骗"粉丝"花费大量钱财"打赏""刷礼物"！

前方高能提醒：如今，网络直播平台多样，涌现了大量的主播，可以说只要有一部手机，人人都可以成为主播展现自己。诈骗分子也瞄准了这一"商机"，通过冒充主播赚得盆满钵满。

真实案例

林先生在交友软件上认识了网友雨晴，二人随后发展成网络世界中的"男女朋友"。在网聊中，林先生得知"女友"的本职工作是幼儿教师，晚上兼职做主播，不由得心疼"女友"。后来在一次直播中，"女友"突然情绪失控大哭，林先生询问得知"女友"身体不好，高强度的工作让她不堪疲惫，但公司有强制直播任务，只有"礼物"达标她才能提前下班休息。

心疼"女友"的林先生没有多想，便将自己的积蓄充入直播平台，倾囊为"女友""打赏"。而"女友"表示平台结算时自己能拿到可观的分红，收到分红后会第一时间还他的钱。

就这样，之后的每一次直播，"女友"都以冲榜为由，要求林先生出钱"刷礼物"，林先生透支了30余万元信用卡额度"刷礼物"后，实在拿不出钱了，"女友"就在此时拉黑了他……

温馨提醒

在虚拟的网络世界里，虚构一个身份、打造一个人设非常容易，因此，在没有弄清真实情况之前，不要轻信陌生人的花言巧语，更不要轻易转账或通过直播间为对方"刷礼物"。此外，观看直播应选择正规直播平台。

27 点赞有奖
——点赞骗局

动动手指点个赞，居然也能赚到钱？互联网给我们带来了很多便利，但网络骗局也几乎无处不在。我们需要保持清醒的头脑，增强自我保护意识，不要被一些表面的好处迷惑。

前方高能提醒：别上当！这是点赞骗局！骗子会以各种理由让您付钱，最终您将无法拿回本金。

真实案例

张大伯最近收到一条来自"客服丽丽"发来的好友验证，"客服丽丽"自称是某短视频公司的客服，称公司为吸引流量，推出了观看短视频点赞领红包的活动，参与者每完成一个任务即可获得15元左右的"佣金"。

张大伯最近因病在家休养，空闲时间较多，因此对"客服丽丽"介绍的这个活动有些心动。抱着试一试的心理，张大伯完成了几个任务，没想到对方真的给他发了"佣金"。

　　尝到甜头后，张大伯对该活动不再怀疑，在"客服丽丽"的诱骗下，准备投入数万元做一个大任务，赚一大笔钱。就在此时，张大伯接到了派出所民警打来的劝阻电话，但被小利冲昏头脑的张大伯坚称自己没有被骗，直到民警赶到家中耐心向他讲解网络诈骗手法，他才意识到自己遭遇了网络诈骗。

无论哪个时代都会存在不法分子，使用各种骗术进行诈骗，而互联网时代的诈骗更为猖獗，点赞骗局不过是其中一种。这些骗局通常利用人们贪小便宜的心理，承诺给予参与者一些高额的奖励或者福利，继而进行诈骗。老年朋友要谨记，骗术万变不离其宗，网上以各种理由让您付钱的人，都有可能是骗子！

28 学车包过
——驾考骗局

考取驾照、安全开车是很多老年人的愿望，出于安全考虑，驾照的考试非常严格，一部分老年人在科目一面前就止步了。于是在老年人"拿驾照"这件事上，有不法分子打起了坏主意。

前方高能提醒：驾考无捷径，"包过"是骗局！考取驾照请到正规驾校学习。声称"花钱包过""代办代考"驾照的都是骗子。

真实案例

2022年2—3月，唐某假称自己可以帮助被害人王某疏通关系调档案、去外地考试包过科目一等，骗取王某共计8 800元。

温馨提醒

考取驾驶证没有捷径可走，"可以用钱买驾照"的说法都是谎言。自己通过一步步学习考取驾驶证，既是对自己负责，也是对公共安全负责。

29 陌生链接别乱点
——短信骗局

我们的手机总会收到各种各样的短信，其中不乏垃圾短信，多数人看到这样的短信会立即删除，然而有的人总是经不住好奇心的驱使，去点开其中的链接……

前方高能提醒：不要点！不要点！陌生链接不要点，陌生电话别轻信，小心自己的钱袋子。

真实案例

×市公安局×分局派出所接到市民王老伯报警，称其收到一条由"×市医保中心"发来的医保升级短信，银行账户被转走 3 500 元。

接警后，民警迅速赶赴现场。经询问，当天 14 时许，王老伯收到一条由陌生号码发来的短信，短信内容为："【X 市医保中心】：您好，您名下医保卡的住院及药品报销通道已关闭，请进入下列网址，升级医保卡！"短信附上了链接。

王老伯想到自己前段时间确实有医保卡升级的经历，再加上最近他有去医院配药的打算，便没有怀疑，点击了短信中的链接，进入"医保网站"页面。

　　接着，王老伯按照页面提示操作，依次输入了自己的身份证号、银行卡号、验证码等信息。没想到经过这一系列的操作，医保卡非但没有升级，银行账户还被转走3 500元。

　　冷静下来的王老伯仔细观察那个"医保网站"，才发现是仿冒的——自己上当受骗了，于是报警求助。

　　不管是谁以什么名义发来短信，切记不要随意点击短信中的网址链接，陌生链接不仅能够窃取我们大量的个人信息，还有可能携带木马病毒，导致手机被诈骗分子操控，进而将银行卡中的钱财全部转走。

扶贫补助

——虚构政策骗局

扶贫补助的骗局你听说过吗? 有的骗子通过打电话联系各地老年人特别是农村老年人,谎称国家有针对老年人的扶贫政策,只需缴纳一定的手续费便可享受扶贫补助,以此来骗取钱财!

前方高能提醒:国家政策不会随便以电话通知,电话中的"扶贫办主任"其实是骗子冒充的!

真实案例

73岁的王阿姨患有慢性疾病,长期购买某品牌药物。某天,她接到一个自称"扶贫办主任"的人打来的电话,对方称按照国家规定,她可以享受扶贫政策,在缴纳一定数额的"手续费"后,国家会免费寄药给她,并且此后她可以连续4年每月领取1 000元的补助金。

在详细了解"政策"内容后，王阿姨同意对方邮寄一些药物样品给她，并向快递员支付了 2 000 元。

1 周后，"扶贫办主任"再次打来电话，称按照最新政策要求，王阿姨还需要补足 2 800 元手续费才能享受补助。

过了一段时间，"扶贫办主任"又以办理扶贫卡、缴纳备案费和党费等为由，要求王阿姨不断缴费，总共骗取王阿姨万余元。

温馨提醒

陌生人使用通信工具联系你，以不见面的方式要求转账、汇款的，都极有可能是诈骗，要留个心眼，不轻信，同时可向政府机构、村委会、居委会等咨询最新的政策内容，不要贪图小利，要时刻保持头脑清醒。

二

误入骗局别着急，
学会紧急应对策略

01 张阿姨的电话诈骗经历与应对策略

现在的诈骗手段越来越"高明"，以前常见的装熟人借钱、称儿女出事的小套路逐渐被淘汰。现在的骗子猖獗到直接套上"警服"，冒充公安局民警行骗。

来听听受害者张阿姨的自述：

（张阿姨，退休老人，接到自称"公安局的工作人员"的诈骗电话。）

我在家中接到自称某市移动互联网中心的工作人员打来的电话，对方称用我的身份证开办的电话卡涉嫌诈骗，需要配合某公安局的工作人员调查。

然后我与"某公安局的工作人员"进行微信视频通话，视频中，他们穿着警服做笔录，并让我提供银行信息以核实资金情况，要求我将银行卡里的资金转到他们指定的银行账户来"证明清白"。我挂断视频电话后赶紧将这件事情告诉女儿，她怀疑我遭遇诈骗，便立即拨打报警电话。现在想起来，幸好我没第一时间按对方的要求转账，不然银行卡里的钱就被骗光了。

温馨提示

破解诈骗的千层套路，要牢记以下3招：

1.以00或"＋"号开头的号码都是境外号码，提到公安局的都是诈骗。

2.接到"公安局"来电不要慌张，第一时间告诉家人、朋友。

3.如果遇到可疑情况或者不幸被骗，请不要删除记录，立即拨打反诈专线96110咨询或者拨打110报警。

02 李大爷遭遇的短信诈骗及应对策略

警惕陌生短信！短信中的链接不要点，谨防短信诈骗。

来听听受害者李大爷的自述：

（李大爷，退休无工作，收到陌生短信和链接。）

我当时在家里吃饭，突然收到一条陌生短信，短信

附带一条陌生链接。我好奇心作祟，点了进去，并按照提示下载注册了App，接着对方以升级我在该App里的最高使用权限需要刷单激活会员为由，引导我进行刷单，刷了3次后还再继续引导，我察觉不对劲，就赶紧报警，这才知道果然是诈骗。

温馨提示

识别各类短信骗术的关键在于提高警惕，不要轻易相信陌生人发来的信息。

不要把自己的家庭状况和联系方式轻易透露给陌生人，谨防落入犯罪分子设置的骗局。在社会交往过程中，一定要给自己留条"底线"，别把家底都交给"新朋友"。

不要轻信各种优惠活动，特别是陌生短信，轻易不要回复。如果收到违法短信上当受骗，应注意保留相关证据。

再次提醒大家，收到诈骗短信，报警是最好的应对方法。

03 王阿姨在社交软件上遇到的骗局及应对策略

如今各类聊天平台上聚集着不少单身人士，同时也聚集了大量以交友的名义实施诈骗的犯罪分子。骗子的手段层出不穷，让你在不知不觉中掉入他设置的陷阱。

来听听受害者王阿姨的自述：

（王阿姨，离异，被网络好友骗万余元。）

我是在社交软件上认识的王先生，某一天，他突然添加我为好友，我们很聊得来，不管是生活喜好还是饮食习惯都很相似，他每天都会和我分享日常，逗我开心，还会给我买我想吃的水果和鲜花。后来，他总是以各种各样的理由向我借钱，比如出门忘带钱包、银行卡出问题了暂时用不了等，前前后后共让我转账上万元，但一次都没有归还给我，我意识到他有可能在骗我的钱，所以让他尽快还钱，却发现他已把我从社交软件的好友列表里删除了，我根本联系不到他。于是我选择了报警，幸好我平时保留了他向我借钱的聊天记录以及我向他转账的记录，我将这些记录作为证据一并交给了警方，警察说这些证据对案件的办理非常重要。

 温馨提示

　　每天都有数以亿计的用户在不同的社交平台上分享信息、交流互动。与此同时，通过社交软件进行的诈骗也呈高发态势。

1.如果你发现自己被骗了，应该第一时间去公安局报案，提供被骗过程，这时候可以要求警察陪同你去银行办理冻结银行卡的手续，以防诈骗犯对你的银行账户进行转账操作。

2.如果你是因为被骗转账，你可以向警方提供诈骗犯的银行卡号，警方通过卡号可以查询到该卡的开户点，还可以查询到资金流向，也可以通过银行卡号获取诈骗犯的个人信息。

3.如果你的银行卡密码被诈骗犯获取了，你可以立刻登录银行官网，输入3次错误的密码，然后再去ATM机进行相同的操作，这样你的银行账户会被冻结，诈骗犯就没办法对你的银行账户进行操作了。

04 陈大爷误入投资骗局后的应对方法

"低风险、高回报""专家推荐、稳赚不赔""内部福利""系统漏洞"……看到这类词汇是不是很心动？如果心动，那你一定要小心了，这都是投资理财类的常见诈骗话术，如果你相信不法分子描述的高额回报，最终可能会落得个血本无归的下场。

来听听受害者陈大爷的自述：

（陈大爷，已退休，遭遇投资理财诈骗。）

我当时在公园坐着，刚搬来的邻居过来跟我聊天，聊着聊着，他就和我说起投资理财的事情。他说他最近跟着朋友赚了好多钱，还给我看了他的微信余额，他这个朋友有内幕消息，稳赚不赔，接着把他朋友的微信推给了我。

我添加了他朋友的微信，我们聊了一些关于家庭和收入的事情，然后他说他在一家证券公司上班，在一个平台上做兼职赚钱，还给我看了很多赚钱的截图，问我有没有兴趣，我说我不会操作，他说他可以帮我。

　　我抱着试一试的心态，让他帮我操作。他帮我在平台上注册成了新用户，操作了一番后，平台上显示我有250元的收入，我发现在这个平台赚钱很容易，就想继续充值。但因为我的银行卡支付被孩子设置了交易笔数和交易金额限制，所以累计充值3 000元后就无法继续充值了。回家后我将这件事告诉孩子，他说我可能遭遇了诈骗。于是我登录平台点击提现，却发现平台已限制交易，我明白被骗了，便赶紧报警。

　　如果在网上被骗，受害者可以直接向所在地的公安机关报案，并尽量提供能证明诈骗成立的证据，如双方的网络聊天记录、受害者汇款的证据及与对方有关的线索等，以便公安机关及时调查处理。

　　可以联系其他受害人一并到派出所报案或者将相关信息反馈给派出所，争取达到刑事立案标准。

05 赵女士接到"客服电话"后的应对方法

相信大家或多或少都听说过骗子冒充客服进行诈骗的骗术，现在这一骗术经过不断升级，已经衍生出一系列新的手法。

来听听受害者赵女士的自述：

（赵女士，家庭主妇，接到自称"厂家客服"的诈骗电话。）

一天上午，我在家里接到一个陌生来电，对方自称是某厂家客服，说我在网上买的爽肤水有质量问题，要给我理赔，购买时是99元，现在要退我198元。接着对方说由于我没有开通"个人商户"，退款无法打到我的支付宝账号上，便让我去支付宝的"备用金"页面上临时开通一个"个人商户"，然后从"备用金"里取出500元，再将多余的302元归还给对方。

我把钱打到对方账户之后，对方让我关闭商家理赔通道。接着又称操作超时，给我转为人工服务，然后人工客服称，我必须从别的地方借款6 600元，转到商家账户上才能关闭理赔通道。这时我察觉到不对劲，明明说要退给我198元，怎么还要我借款6 600元转到他们的账户呢？于是我把这个"厂家客服"的电话号码发到我的微信朋友圈，问大家这是不是真的厂家客服的电话号码，结果不少人告诉我这是诈骗电话，于是我立即报警。

温馨提示

1.一般情况下，消费者在网购后如期收到商品，电商客服不会主动提出退款。一旦在网购后收到所谓的"客服"发来的退款请求，无论对方提出何种理由，都一定要提高警惕，因为这很有可能是一个骗局。遇到这种情况，应该多与家人、朋友沟通，并第一时间通过购买物品的电商平台与商家联系进行确认，不要轻信用其他方式主动与你联系的"客服"。

2.所有电商平台的退货都有一定的流程，整个流程都应该在电商平台上完成。所以，无论是传统套路中的"退款链接"还是新型套路中的"理赔公众号"，都不要轻易点击。这些链接往往要求受害者输入身份证号、银行卡号等个人信息，受害者一旦上当，这些个人信息就会被隐藏在背后的骗子掌握，进而加以利用去实施各类诈骗。

3.在网上购物时要提高防范意识，一旦接到"客服"的退款电话，要保持镇定，及时通过电商平台与卖家沟通。不要轻易点击对方发来的任何链接，更不要随意提供个人信息。同时，手机短信验证码相当于"一次性密码"，来电索要短信验证码的陌生人都是骗子，切勿提供。如果经常网购，在电商平台绑定银行卡时应专卡专用，卡里尽量不要存入太多的钱，可定期更换交易密码，万一上当受骗可减少损失。

4.如遇此类诈骗，请拨打96110进行咨询，一旦被骗，请立即到附近派出所或拨打110报警，并收集保存好相关证据。

三

诈骗手法不断更新，提高防骗意识尤为重要

01 魔高一尺道高一丈，"国家反诈中心"App 开启预警守护

所谓"魔高一尺道高一丈"，有没有一种办法，不仅能帮助我们看清所有诈骗套路，还能实时预警，防止我们上当受骗？当然有啦，那就是安装"国家反诈中心"App。

要想得到实时防护，一定要安装"国家反诈中心"App，安装后立即注册，开启预警守护。

"国家反诈中心"App 是一款集多种功能于一体的手机软件，对防诈、反诈有着不可估量的功效。

如何注册和使用？

1. 在手机应用商店搜索"国家反诈中心"并下载安装。

2. 打开应用，点击"快速注册"，输入手机号→获取验证码→点击"下一步"，完善账号信息并保存。

3. 继续完善信息，完成身份认证（人脸识别）。

4. 开始使用。

在手机应用商店搜索"国家反诈中心"并下载安装。

打开应用，点击"快速注册"，输入手机号→获取验证码→点击"下一步"，完善账号信息并保存。

继续完善信息，完成身份认证（人脸识别）。

开始使用。

主要功能：

　　"国家反诈中心"App含有"我要举报""报案助手""来电预警""身份核实"四大板块，主要功能如下。

1. 收集并不断更新诈骗的方式方法，帮助用户了解骗子的套路。

2. 用户可以在App上学习面对诈骗的多种处理方案，提高防范诈骗的意识。

3. 用户可以通过手机匿名举报各种诈骗行为，保护自身的信息安全。

App收录了很多专业的防骗战术以及诈骗案例，通过全面的数据挖掘与比对，实现智能识别疑似诈骗电话、短信、App，对风险行为进行预警及提示，有效封堵诈骗行为。App还能结合实际使用场景，帮助用户完成身份验证。此外，App开发了手机自测可疑App等工具，可帮助用户有效提交线索、检测手机风险，实现事前预警、事中干预、事后提供线索的防诈骗能力闭环。今后，App将紧跟新发案例，不断更新防诈骗功能。

02 提高防骗意识，牢记这10点

防骗妙招请收好：

1. 短信内链接谨慎点！不要轻易点击短信内的不明链接，不在链接中输入身份证号、银行卡号、密码、验证码等个人信息。

2. 不明电话不回拨！不轻易接听"无显示号码"电话，不拨打短信里提供的不明电话号码，所有客服电话以官方提供的为准。

3. 不给陌生人转账！不轻易相信任何陌生人的信息，不轻易在聊天中透露个人隐私信息。

4. 通过正规网站购物！不轻信"天上掉馅饼"的中奖信息或任何"低风险、高回报"的投资理财项目！

5. 机票、火车票的退票和改签要通过官方渠道操作！不轻信黄牛、代购提供的信息！

6. 钱款往来一定要核实身份！亲戚朋友通过微信、QQ、支付宝借钱、转账等，要与本人通过电话或见面进行核实！

7. 钓鱼网站要提防！养成登录银行官网等重要网站时核实网站域名、网址的习惯！

8. 新鲜热点要警惕！面对自己不太懂的领域，如"比特币""区块链""共享经济""房产退税"等，要提高警惕，防范不法分子利用热点进行诈骗！

9. 警惕骗子冒充国家公职人员！不轻信经济犯罪、法院传票、绑架等恐吓电话！

10. 被骗后及时拨打110或96110！遇到难分真假的情况或发觉被骗时，及时报警处理并联系银行将资金冻结，避免遭受更大的损失。

03 全民参与，构建"零受骗"朋友圈

　　当今社会，诈骗套路层出不穷，出现了很多针对老年朋友的诈骗行为，令人防不胜防。因此，老年朋友之间相互分享防骗知识，构建"零受骗"朋友圈显得十分重要。

防骗小常识：

　　加强防骗意识：我们要时刻保持警惕，不轻信陌生人的话，不随意透露个人信息，不轻易转账或汇款。同时要提醒身边的人提高防骗意识，共同防范诈骗。

　　分享防骗经验：可以通过聚会、聊天等方式，分享自己或他人的防骗经验和故事，让身边的人了解诈骗的危害和手法，从而增强群体防范意识。

　　学习防骗知识：可以通过阅读相关图书或"国家反诈中心"App、反诈公众号上的信息，观看官方防骗宣传视频等方式学习防骗知识，了解诈骗分子的惯用伎俩和手法，让骗子无机可乘。

及时报警：如果发现自己或他人被骗，要及时报警，并提供相关证据和信息，以便警方及时处理和追查。

我们相信，只要全民普及防骗知识，构建"零受骗"朋友圈，再狡猾的骗子也会无机可乘。

附录　拿起法律武器，维护自身的权益

诈骗罪是以非法占有为目的，使用欺骗的方法骗取他人数额较大公私财物的行为。

《中华人民共和国刑法》第二百六十六条规定："诈骗公私财物，数额较大的，处三年以下有期徒刑、拘役或者管制，并处或者单处罚金；数额巨大或者有其他严重情节的，处三年以上十年以下有期徒刑，并处罚金；数额特别巨大或者有其他特别严重情节的，处十年以上有期徒刑或者无期徒刑，并处罚金或者没收财产。"

诈骗公私财物价值3 000元及以上即可立案。

最高人民法院、最高人民检察院发布的《关于办理诈骗刑事案件具体应用法律若干问题的解释》第一条第一款规定："诈骗公私财物价值三千元至一万元以上、三万元至十万元以上、五十万元以上的，应当分别认定为刑法第二百六十六条规定的'数额较大'、'数额巨大'、'数额特别巨大'。各省、自治区、直辖市高级人民法院、人民检察院可以结合本地区经济社会发展状况，在前款规定的数额幅度内，共同研究确定本地区执行的具体数额标准，报最高人民法院、最高人民检察院备案。"

图书在版编目（CIP）数据

老年人防诈骗手册/丁芳编著；聂辉绘. —北京：
农村读物出版社，2024.3（2025.11重印）
ISBN 978-7-5048-5854-2

Ⅰ.①老…　Ⅱ.①丁…②聂…　Ⅲ.①诈骗-鉴别-
中国-中老年读物　Ⅳ.①D669.8-49

中国国家版本馆CIP数据核字（2024）第068801号

书 名：**老年人防诈骗手册**

LAONIANREN FANG ZHAPIAN SHOUCE

农村读物出版社出版
地址：北京市朝阳区麦子店街18号楼
邮编：100125
策划编辑：刁乾超
责任编辑：宁雪莲　陈 亭　文字编辑：孙蕴琪　特约编辑：杨 肖
版式设计：李 爽　责任校对：吴丽婷　责任印制：王 宏
印刷：中农印务有限公司
版次：2024年3月第1版
印次：2025年11月北京第7次印刷
发行：新华书店北京发行所
开本：880mm×1230mm　1/32
印张：4
字数：65千字
定价：32.00 元